AF188008

Impressum
Verlag: BABADADA GmbH, Nedderfeld 112 , 22529 Hamburg
Geschäftsführer / Verlagsleitung: Harald Hof
Druck: Books on Demand GmbH, In de Tarpen 42, 22848 Norderstedt

Imprint
Publisher: BABADADA GmbH, Nedderfeld 112 , 22529 Hamburg, Germany
Managing Director / Publishing direction: Harald Hof
Print: Books on Demand GmbH, In de Tarpen 42, 22848 Norderstedt

skole

school

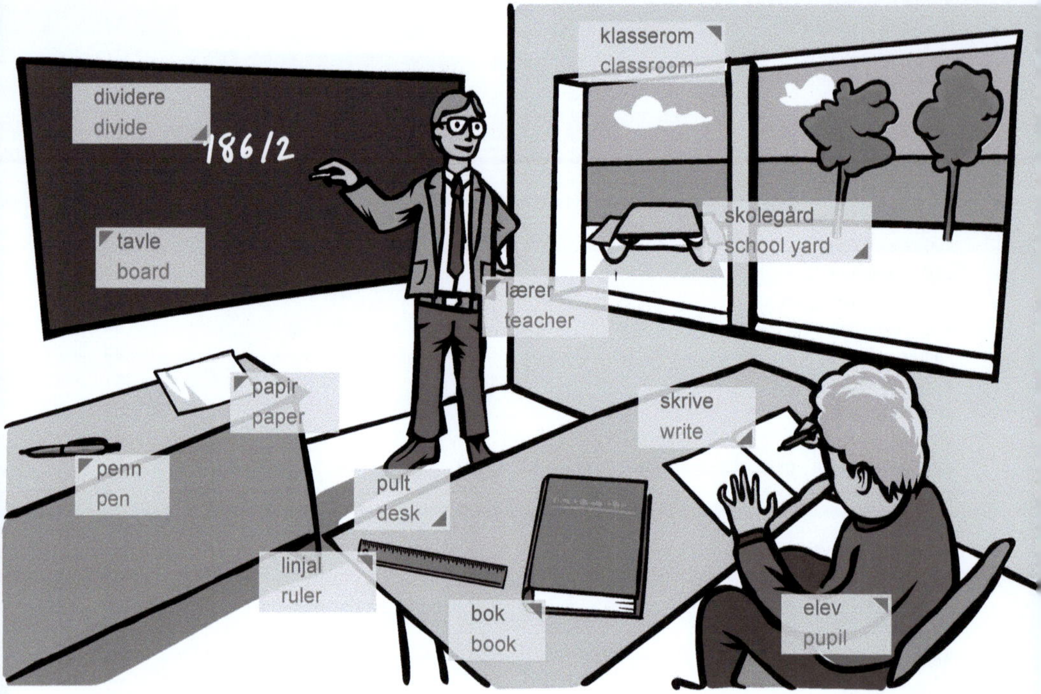

klasserom
classroom
dividere
divide
186/2
tavle
board
skolegård
school yard
lærer
teacher
papir
paper
skrive
write
penn
pen
pult
desk
linjal
ruler
bok
book
elev
pupil

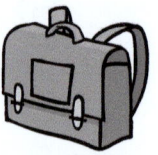

ransel

satchel

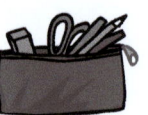

penal

pencil case

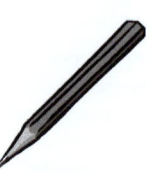

blyant

pencil

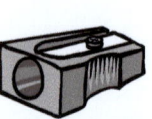

blyantspisser

pencil sharpener

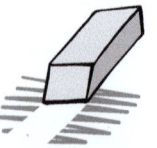

viskelær

rubber

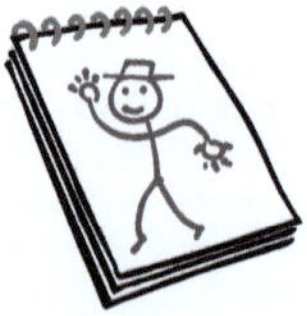

tegneblokk

drawing pad

tegning

drawing

pensel

paintbrush

malerskrin

paint box

saks

scissors

lim

glue

arbeidsbok

exercise book

lekse

homework

tall

number

addere

add

subtrahere

subtract

multiplisere

multiply

regne

calculate

bokstav

letter

alfabet

alphabet

ord

word

tekst

text

lese

read

kritt

chalk

skoletime

lesson

klassebok

register

eksamen

examination

vitnemål

certificate

skoleuniform

school uniform

utdannelse

education

leksikon

encyclopedia

universitet

university

mikroskop

microscope

kart

map

papirkurv

waste-paper basket

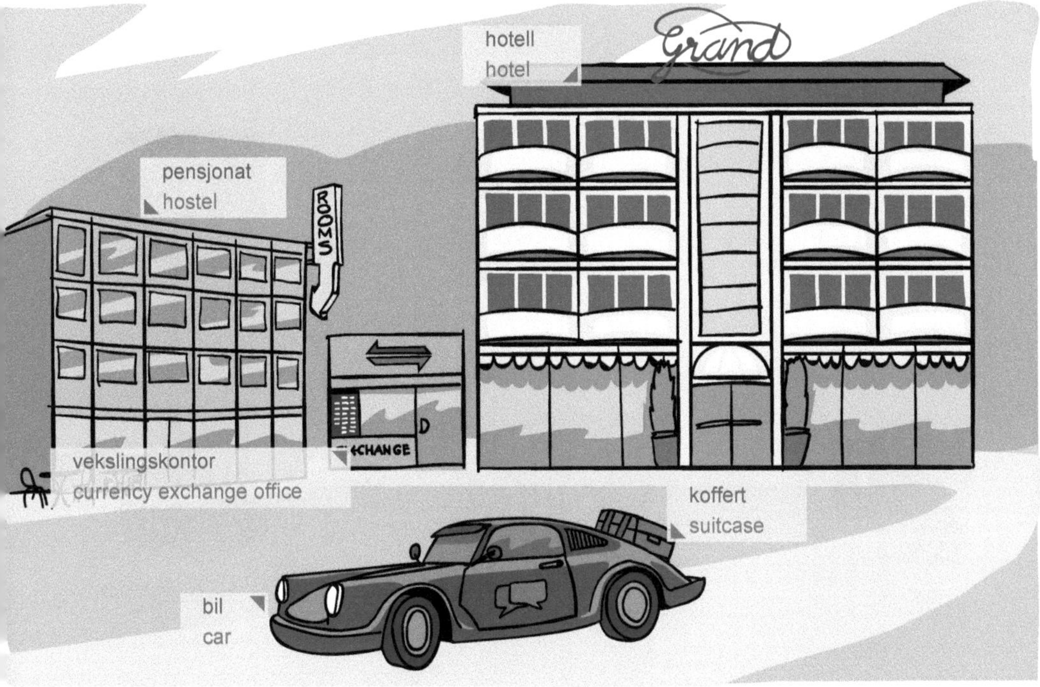

hotell
hotel
Grand
pensjonat
hostel
ROOMS
EXCHANGE
vekslingskontor
currency exchange office
koffert
suitcase
bil
car

språk
language

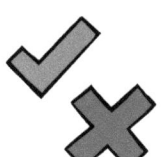

ja / nei
yes / no

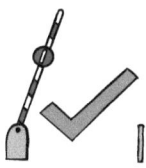

okay
Okay

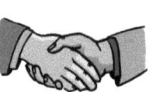

Hei
hello

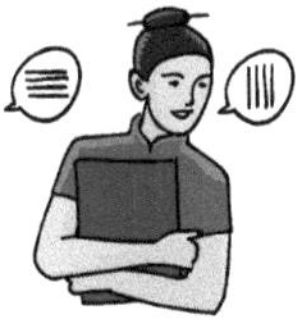

tolk
translator

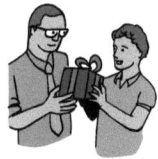

takk skal du ha
Thank you

Hva koster...?

how much is...?

Jeg forstår ikke

I don´t get it

problem

problem

God kveld!

Good evening!

God morgen!

Good morning!

God natt!

Good night!

ha det bra

goodbye

retning

direction

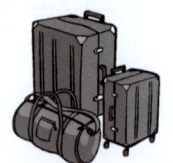

bagasje

luggage

veske

bag

ryggsekk

backpack

gjest

guest

rom

room

sovepose

sleeping bag

telt

tent

turistinformasjon

tourist information

strand

beach

kredittkort

credit card

frokost

breakfast

lunsj

lunch

middag

dinner

billett

Ticket

heis

elevator

stempel

stamp

grense

border

toll

customs

ambassade

embassy

visum

visa

pass

passport

transport

transport

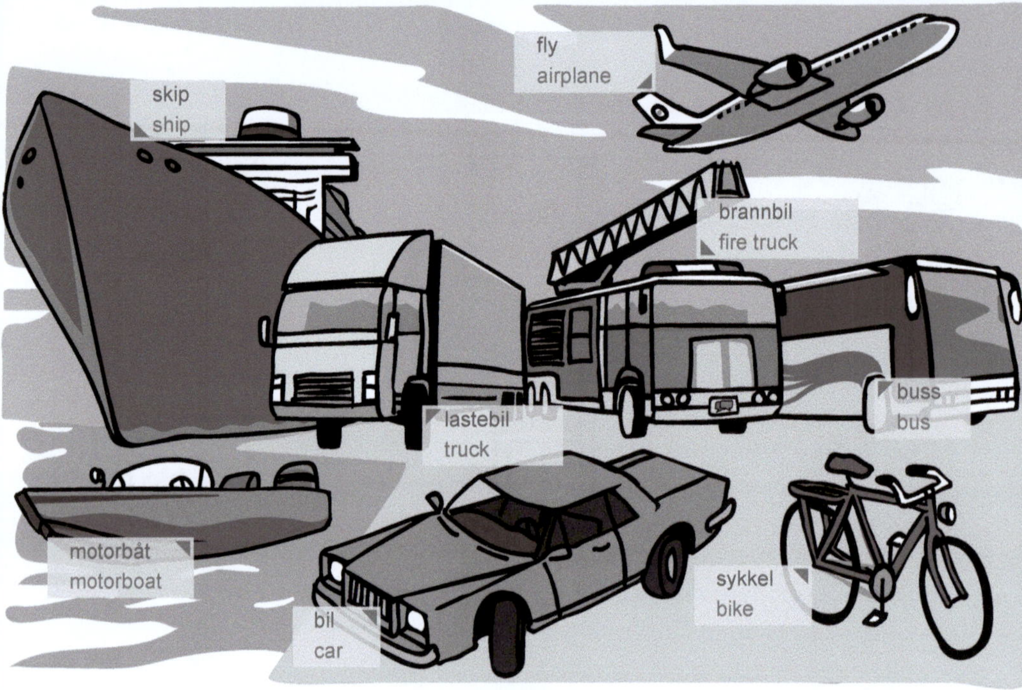
fly
airplane
skip
ship
brannbil
fire truck
buss
bus
lastebil
truck
motorbåt
motorboat
sykkel
bike
bil
car

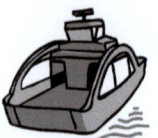

ferge
ferry

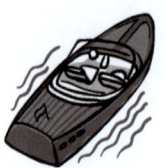

båt
boat

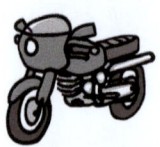

motorsykkel
motorbike

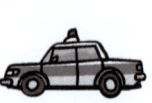

politibil
police car

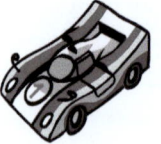

racerbil
racing car

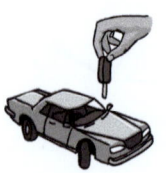

leiebil
rental car

bilkollektiv

car sharing

bergingsbil

tow truck

søppelbil

garbage truck

motor

engine

brennstoff

fuel

bensinstasjon

fuel station

trafikkskilt

traffic sign

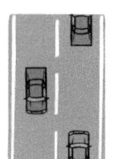

trafikk

traffic

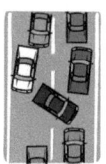

trafikkork

traffic jam

parkeringsplass

parking lot

togstasjon

train station

skinne

tracks

tog

train

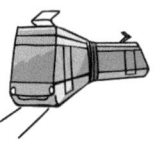

trikk

tram

vogn

wagon

helikopter

helicopter

flyplass

airport

tårn

tower

passasjer

passenger

konteiner

container

kartong

carton

tralle

cart

kurv

basket

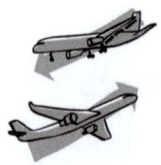

starte / lande

take off / land

by
city

landsby

village

sentrum

city center

hus

house

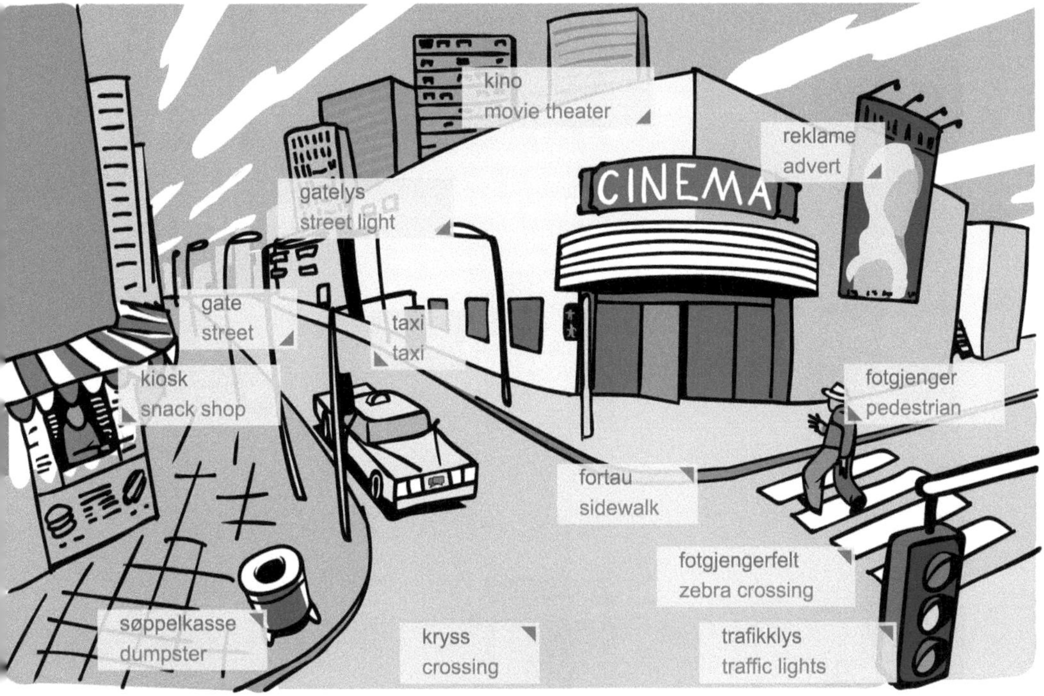
kino
movie theater
reklame
advert
CINEMA
gatelys
street light
gate
street
taxi
taxi
kiosk
snack shop
fotgjenger
pedestrian
fortau
sidewalk
fotgjengerfelt
zebra crossing
søppelkasse
dumpster
kryss
crossing
trafikklys
traffic lights

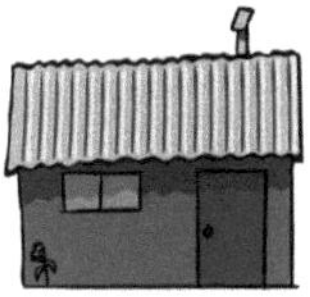

hytte

hut

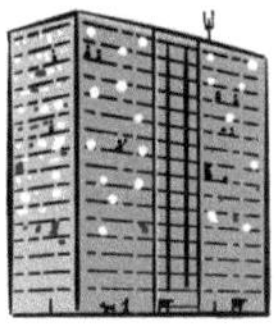

leilighet

apartment

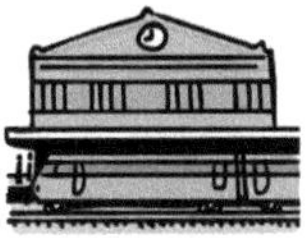

togstasjon

train station

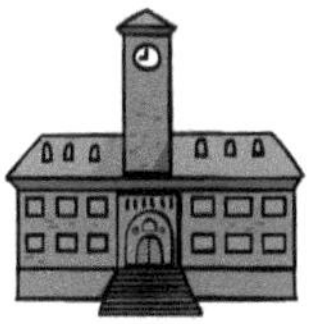

rådhus

city hall

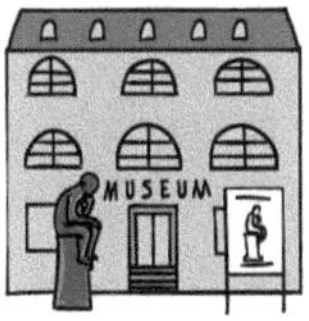
MUSEUM

museum

museum

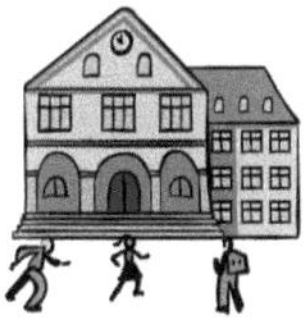

skole

school

universitet

university

bank

bank

sykehus

hospital

hotell

hotel

apotek

pharmacy

kontor

office

bokhandel

book shop

butikk

shop

blomsterbutikk

flower shop

matbutikk

supermarket

marked

market

varehus

department store

fiskehandler

fishmonger's shop

kjøpesenter

mall

havn

harbor

park
park

benk
bench

bro
bridge

trapp
stairs

t-bane
subway

tunnel
tunnel

busstopp
bus stop

bar
bar

restaurant
restaurant

postkasse
postbox

gateskilt
street sign

parkometer
parking meter

dyrehage
zoo

svømmebasseng
swimming pool

moské
mosque

bondegård

farm

miljøforurensing

pollution

kirkegård

cemetery

kirke

church

lekeplass

playground

tempel

temple

landskap

landscape

blad
leaf

veiviser
signpost

vei
path

eng
meadow

stein
stone

tre
tree

turgåer
hiker

elv
river

gress
grass

blomst
flower

dal

valley

fjell

hill

innsjø

lake

skog

forest

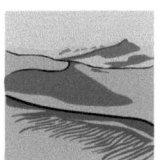

ørken

desert

vulkan

volcano

slott

castle

regnbue

rainbow

sopp

mushroom

palmetre

palm tree

mygg

mosquito

flue

fly

maur

ant

bie

bee

edderkopp

spider

bille

beetle

frosk

frog

ekorn

squirrel

piggsvin

hedgehog

hare

hare

ugle

owl

fugl

bird

svane

swan

villsvin

boar

hjort

deer

elg

moose

demning

dam

vindturbin

wind turbine

solcellepanel

solar panel

klima

climate

restaurant
restaurant

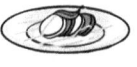

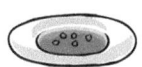

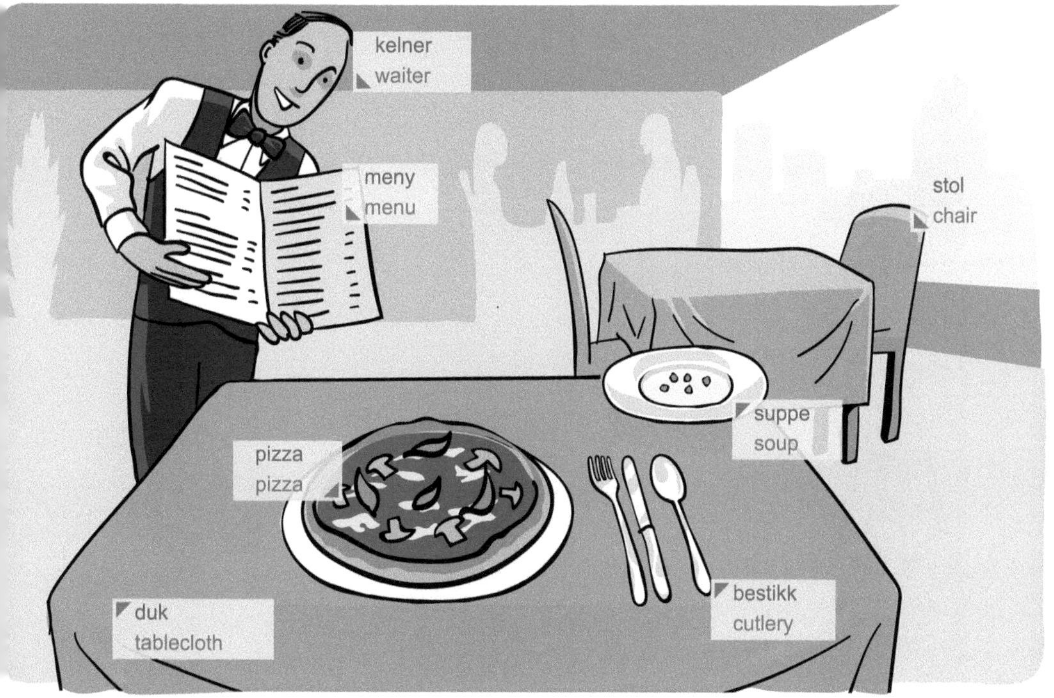
kelner
waiter
meny
menu
stol
chair
suppe
soup
pizza
pizza
bestikk
cutlery
duk
tablecloth

forrett
starter

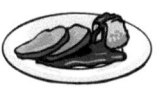

hovedrett
main course

dessert
dessert

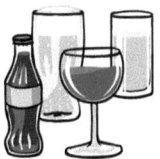

drikkevarer
drinks

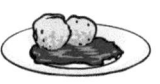

mat
food

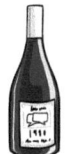

flaske
bottle

hurtigmat

fast food

gatemat

street food

tekanne

teapot

sukkerskål

sugar bowl

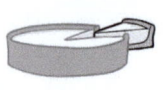

porsjon

portion

espressomaskin

espresso machine

barnestol

high chair

regning

bill

brett

tray

kniv

knife

gaffel

fork

skje

spoon

teskje

teaspoon

serviett

serviette

glass

glass

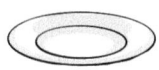

tallerken
plate

suppetallerken
soup plate

skål
saucer

saus
sauce

saltbøsse
salt shaker

pepperkvern
pepper mill

eddik
vinegar

olje
oil

krydder
spices

ketchup
ketchup

sennep
mustard

majones
mayonnaise

matbutikk

supermarket

tilbud
special offer
FOR
kunde
customer
meieriprodukt
dairy products
frukt
fruit
handlevogn
shopping cart

BUTCHERS

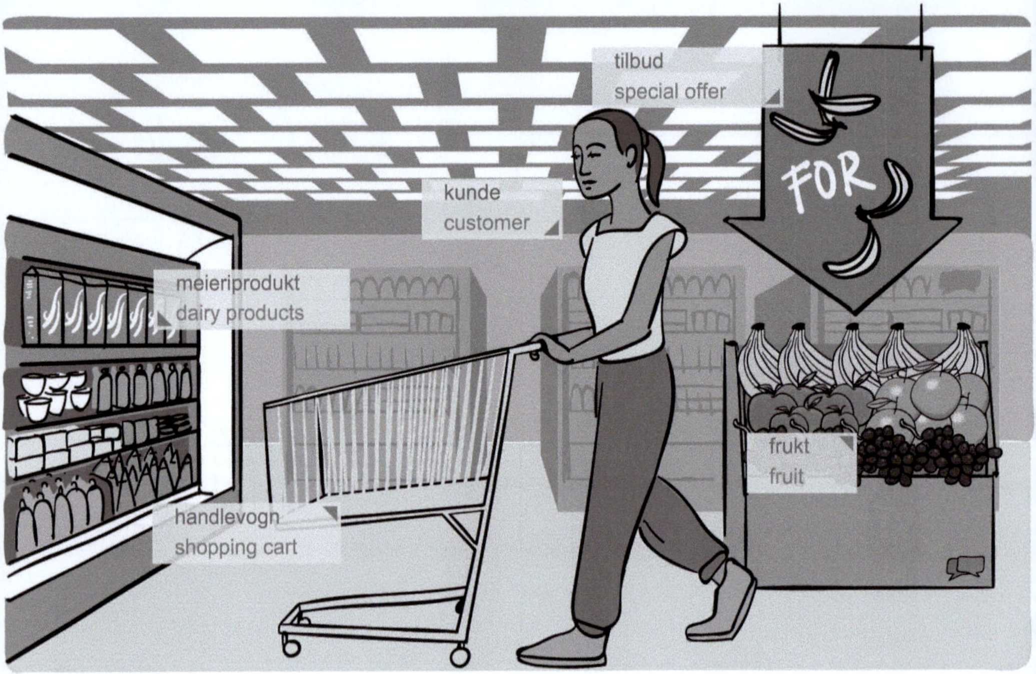

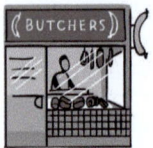

slakter

butcher's shop

BAKERY

bakeri

bakery

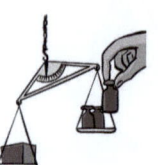

veie

weigh

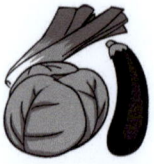

grønnsaker

vegetables

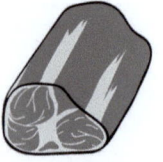

kjøtt

meat

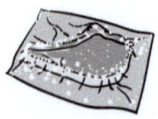

frysevarer

frozen food

oppskåret pålegg
cold cuts

hermetikk
canned food

vaskepulver
detergent

godteri
candy

husholdningsprodukter
household products

rengjøringsmidler
cleaning products

butikkmedarbeider
sales representative

kassaapparat
cash register

kasserer
cashier

handleliste
shopping list

åpningstider
opening hours

lommebok
wallet

kredittkort
credit card

veske
bag

plastpose
plastic bag

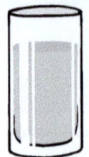

vann

water

juice

juice

melk

milk

cola

coke

vin

wine

øl

beer

alkohol

alcohol

kakao

cocoa

te

tea

kaffe

coffee

espresso

espresso

cappuccino

cappuccino

banan

banana

eple

apple

appelsin

orange

melon

melon

sitron

lemon

gulrot

carrot

hvitløk

garlic

bambus

bamboo

løk

onion

sopp

mushroom

nøtter

nuts

nudler

noodles

spagetti

spaghetti

ris

rice

salat

salad

pommes frites

fries

stekte poteter

fried potatoes

pizza

pizza

hamburger

hamburger

sandwich

sandwich

biff

escalope

skinke

ham

salami

salami

pølse

sausage

kylling

chicken

stek

roast

fisk

fish

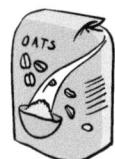

havregryn

porridge oats

müsli

muesli

cornflakes

cornflakes

mel

flour

croissant

croissant

rundstykke

bread roll

brød

bread

ristet brød

toast

kjeks

cookies

smør

butter

kvarg

curd

kake

cake

egg

egg

speilegg

fried egg

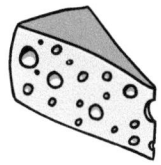

ost

cheese

iskrem

ice cream

sukker

sugar

honning

honey

syltetøy

jelly

sjokoladepålegg

nougat cream

karri

curry

bondegård

farm

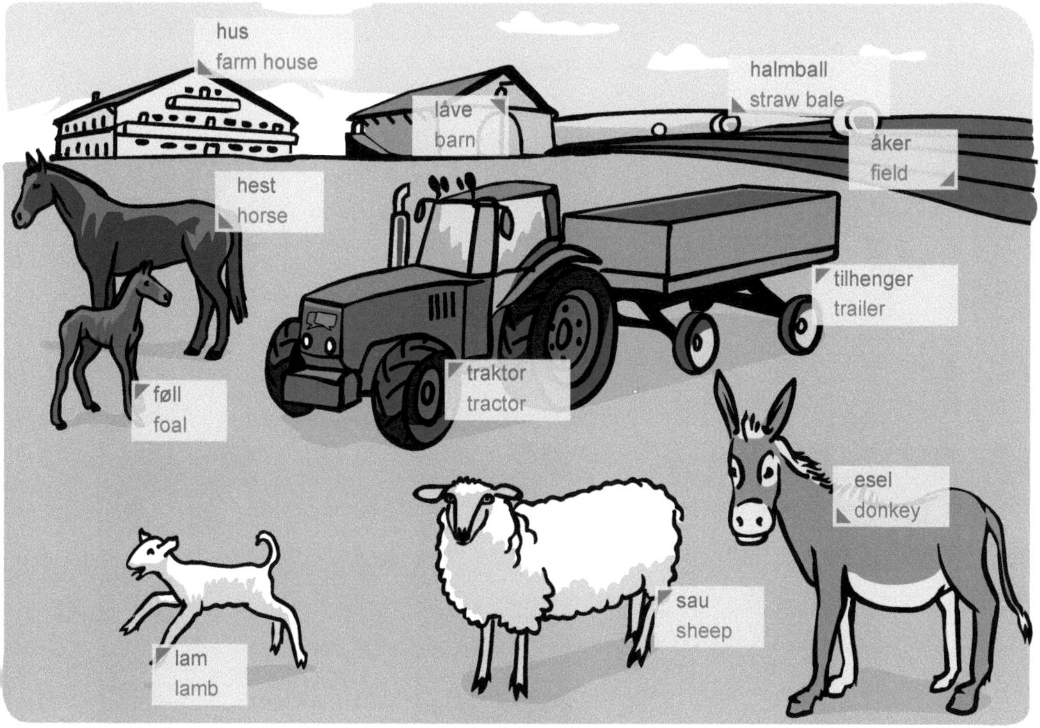
hus
farm house
låve
barn
halmball
straw bale
åker
field
hest
horse
tilhenger
trailer
traktor
tractor
føll
foal
esel
donkey
sau
sheep
lam
lamb

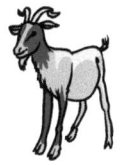

geit

goat

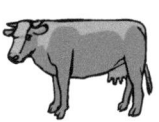

ku

cow

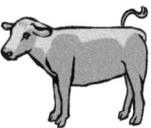

kalv

calf

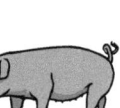

gris

pig

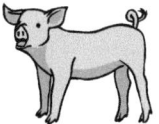

grisunge

piglet

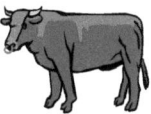

okse

bull

gås

goose

and

duck

kylling

chick

høne

hen

hane

cockerel

rotte

rat

katt

cat

mus

mouse

okse

ox

hund

dog

hundehus

dog house

hageslange

garden hose

vannkanne

watering can

ljå

scythe

plog

plow

sigd
sickle

hakke
hoe

høygaffel
pitchfork

øks
axe

trillebår
pushcart

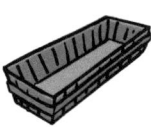

trau
trough

melkekanne
milk can

sekk
sack

gjerde
fence

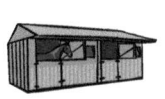

fjøs
stable

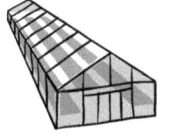

drivhus
greenhouse

jord
soil

frø
seed

gjødsel
fertilizer

skurtresker
combine harvester

høste

harvest

innhøsting

harvest

yams

yams

hvete

wheat

soja

soya

potet

potato

mais

corn

raps

rapeseed

frukttre

fruit tree

kassava

manioc

korn

grain

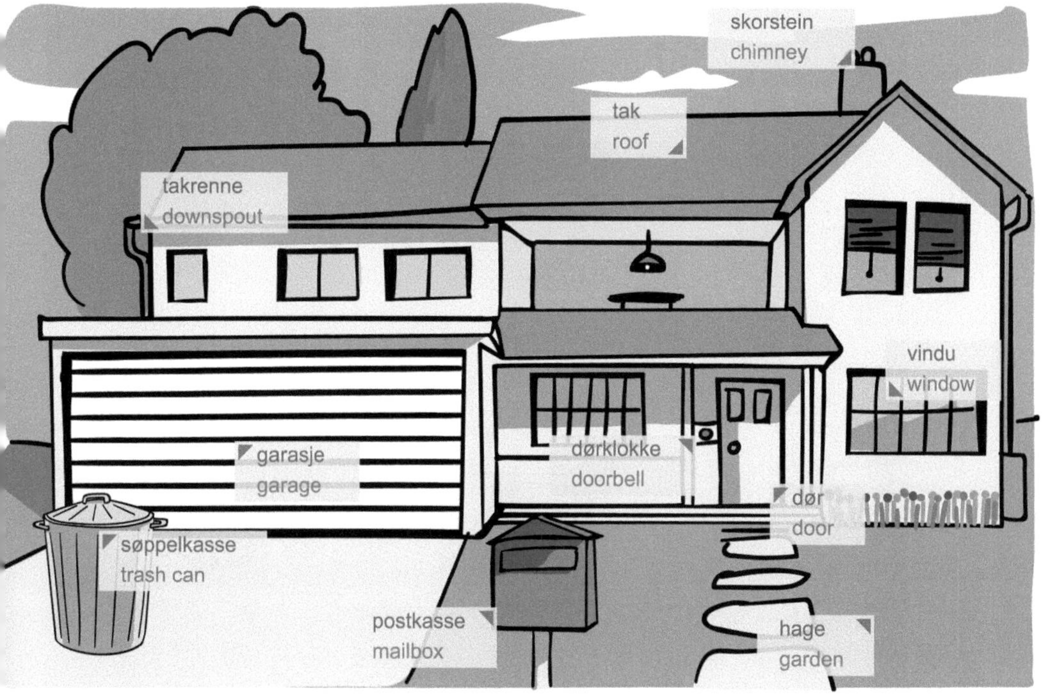

skorstein
chimney

tak
roof

takrenne
downspout

vindu
window

garasje
garage

dørklokke
doorbell

dør
door

søppelkasse
trash can

postkasse
mailbox

hage
garden

stue

living room

bad

bathroom

kjøkken

kitchen

soverom

bedroom

barnerom

kids room

spisestue

dining room

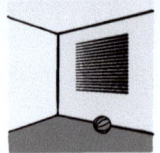

gulv

floor

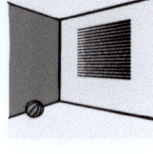

vegg

wall

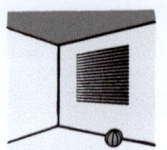

tak

ceiling

kjeller

cellar

badstue

sauna

balkong

balcony

terrasse

terrace

svømmebasseng

pool

gressklipper

lawn mower

laken

sheet

dyne

bedspread

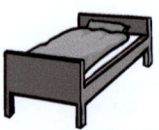

seng

bed

kost

broom

bøtte

bucket

bryter

switch

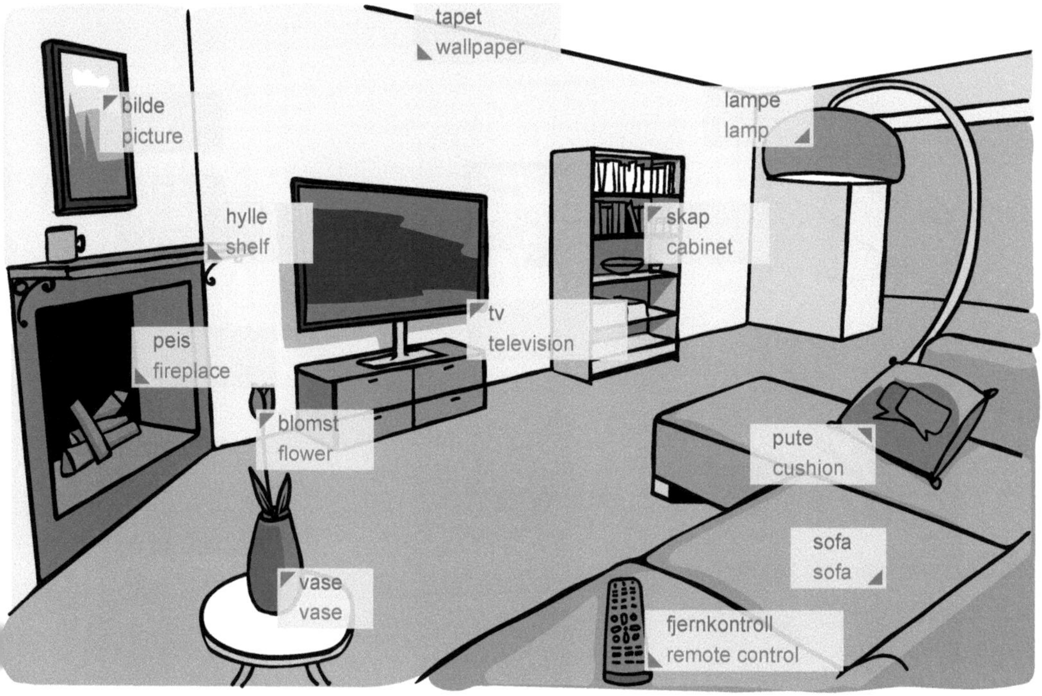

tapet
wallpaper

bilde
picture

lampe
lamp

hylle
shelf

skap
cabinet

peis
fireplace

tv
television

blomst
flower

pute
cushion

sofa
sofa

vase
vase

fjernkontroll
remote control

gulvteppe

carpet

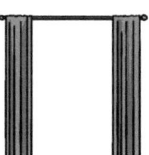

gardin

drape

bord

table

stol

chair

gyngestol

rocking chair

lenestol

armchair

bok

book

teppe

blanket

dekorasjon

decoration

ved

firewood

film

film

stereoanlegg

stereo system

nøkkel

key

avis

newspaper

maleri

painting

plakat

poster

radio

radio

notatblokk

notebook

støvsuger

vacuum cleaner

kaktus

cactus

lys

candle

kjøkken

kitchen

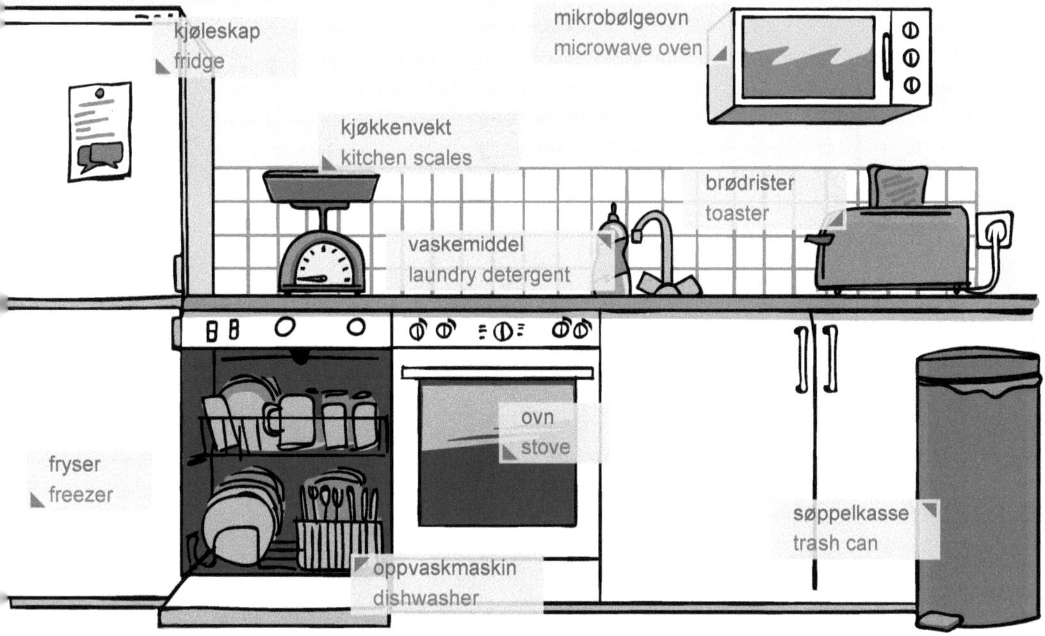
kjøleskap
fridge
mikrobølgeovn
microwave oven
kjøkkenvekt
kitchen scales
brødrister
toaster
vaskemiddel
laundry detergent
ovn
stove
fryser
freezer
søppelkasse
trash can
oppvaskmaskin
dishwasher

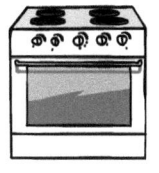

komfyr

cooker

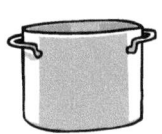

gryte

pot

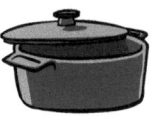

jerngryte

cast-iron pot

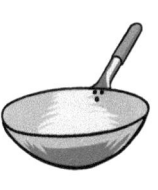

wokpanne

wok / kadai

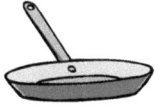

panne

pan

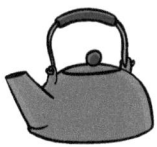

vannkoker

kettle

dampovn

steamer

stekebrett

baking tray

servise

crockery

krus

mug

bolle

bowl

spisepinner

chopsticks

øse

ladle

stekespade

spatula

visp

whisk

sil

strainer

sil

sieve

rivjern

grater

mørtel

mortar

grill

barbecue

bål

fireplace

skjærefjøl

chopping board

kjevle

rolling pin

korketrekker

corkscrew

boks

can

boksåpner

can opener

gryteklut

oven cloth

vask

sink

børste

brush

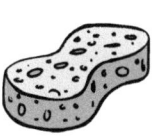

svamp

sponge

blender

blender

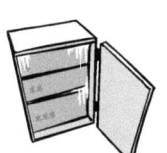

fryseboks

deep freezer

tåteflaske

baby bottle

kran

tap

bad

bathroom

varme
heating
håndkle
towel
dusj
shower
dusjforheng
shower curtain
skumbad
bubble bath
badekar
bathtub
glass
glass
vaskemaskin
washing machine
kran
tap
fliser
tiles
potte
potty
vask
sink

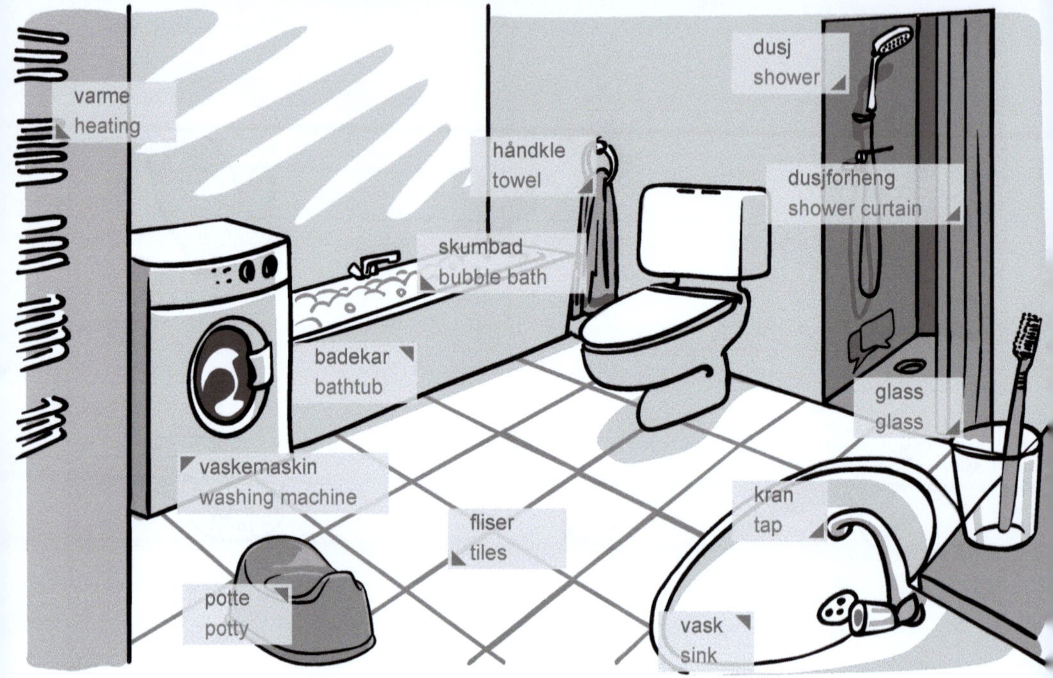

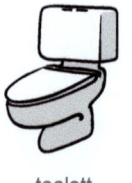

toalett

toilet

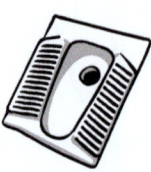

ståtoalett

squat toilet

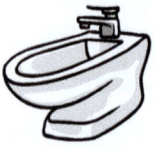

bidet

bidet

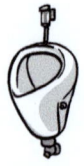

pissoar

urinal

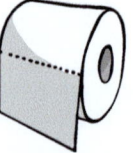

toalettpapir

toilet paper

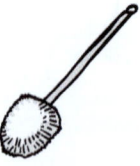

toalettbørste

toilet brush

tannbørste

toothbrush

tannkrem

toothpaste

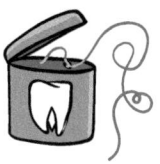

tanntråd

dental floss

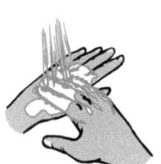

vaske

wash

hånddusj

hand shower

intimdusj

douche

oppvaskbalje

basin

ryggbørste

back brush

såpe

soap

dusjsåpe

shower gel

sjampo

shampoo

vaskeklut

flannel

avløp

drain

krem

creme

deodorant

deodorant

speil

mirror

håndspeil

hand mirror

barberhøvel

razor

barberskum

shaving foam

barberingsvann

aftershave

kam

comb

børste

brush

hårføner

hair-dryer

hårspray

hairspray

sminke

makeup

lebestift

lipstick

neglelakk

nail varnish

bomullsdott

cotton wool

neglesaks

nail scissors

parfyme

perfume

toalettmappe

washbag

krakk

stool

vekt

weighing scales

badekåpe

bathrobe

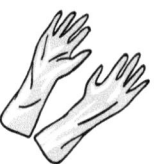

gummihansker

rubber gloves

tampong

tampon

sanitetsbind

sanitary towel

kjemisk toalett

chemical toilet

barnerom

kids room

vekkerklokke
alarm clock
kosedyr
cuddly toy
lekebil
toy car
rangle
rattle
dukkehus
doll's house
gave
present

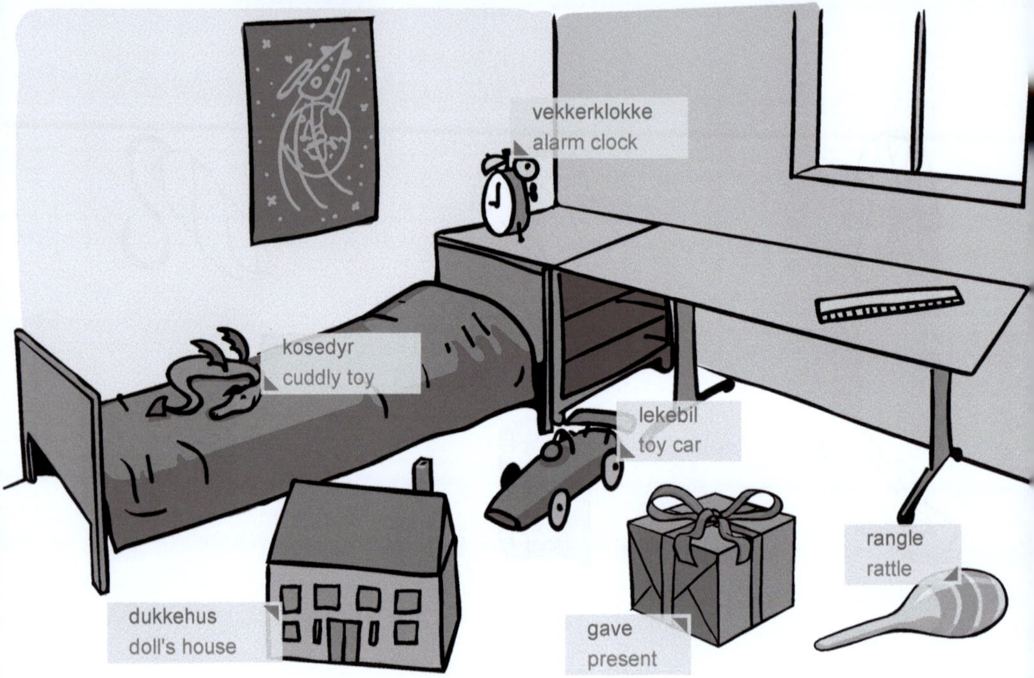

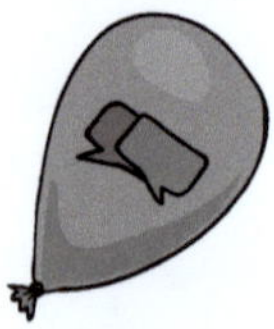

ballong

balloon

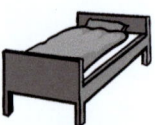

seng

bed

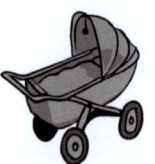

barnevogn

stroller

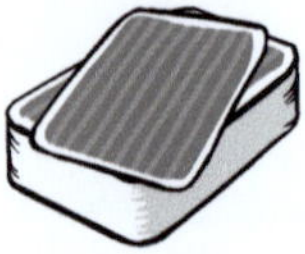

kortstokk

deck of cards

puslespill

jigsaw

SUPER
MEGA

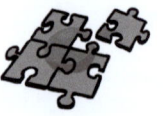

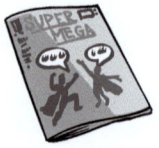

tegneserie

comic

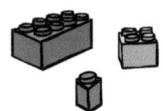

lego klosser

lego bricks

byggeklosser

toy blocks

actionfigur

action figure

sparkebukse

romper suit

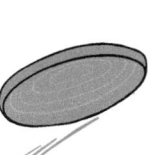

frisbee

frisbee

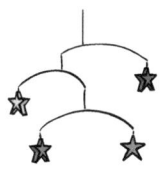

uro

mobile

brettspill

board game

terning

dice

togbane

model train set

smokk

pacifier

fest

party

bildebok

picture book

ball

ball

dukke

doll

leke

play

sandkasse

sandpit

gynge

swing

leketøy

toys

spillekonsoll

video game console

trehjulssykkel

tricycle

bamse

teddy bear

garderobeskap

wardrobe

klær

clothing

sokker

socks

strømper

stockings

strømpebukse

tights

skjerf
scarf

paraply
umbrella

t-skjorte
t-shirt

belte
belt

sneakers
sneakers

støvler
boots

tøfler
slippers

sandaler
....
sandals

sko
....
shoes

gummistøvler
....
rubber boots

underbukse
....
underwear

BH
....
bra

undertrøye
....
undershirt

klær - clothing

45

body
body

bukse
pants

dongeribukse
jeans

skjørt
skirt

bluse
blouse

skjorte
shirt

genser
pullover

hettegenser
sweater

dressjakke
blazer

jakke
jacket

kåpe
coat

regnjakke
raincoat

drakt
costume

kjole
dress

brudekjole
wedding dress

dress

suit

nattkjole

nightgown

pyjamas

pajamas

sari

sari

skaut

headscarf

turban

turban

burka

burka

kaftan

kaftan

abaya

abaya

badedrakt

swimsuit

badebukse

trunks

shorts

shorts

treningsklær

tracksuit

forkle

apron

handske

gloves

knapp

button

brille

glasses

armbånd

bracelet

kjede

necklace

ring

ring

øredobb

earring

lue

cap

kleshenger

coat hanger

hatt

hat

slips

tie

glidelås

zip

hjelm

helmet

bukseseler

braces

skoleuniform

school uniform

uniform

uniform

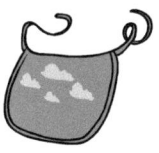

smekke

bib

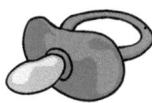

smokk

pacifier

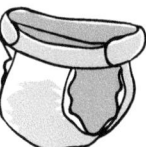

bleie

diaper

kontor

office

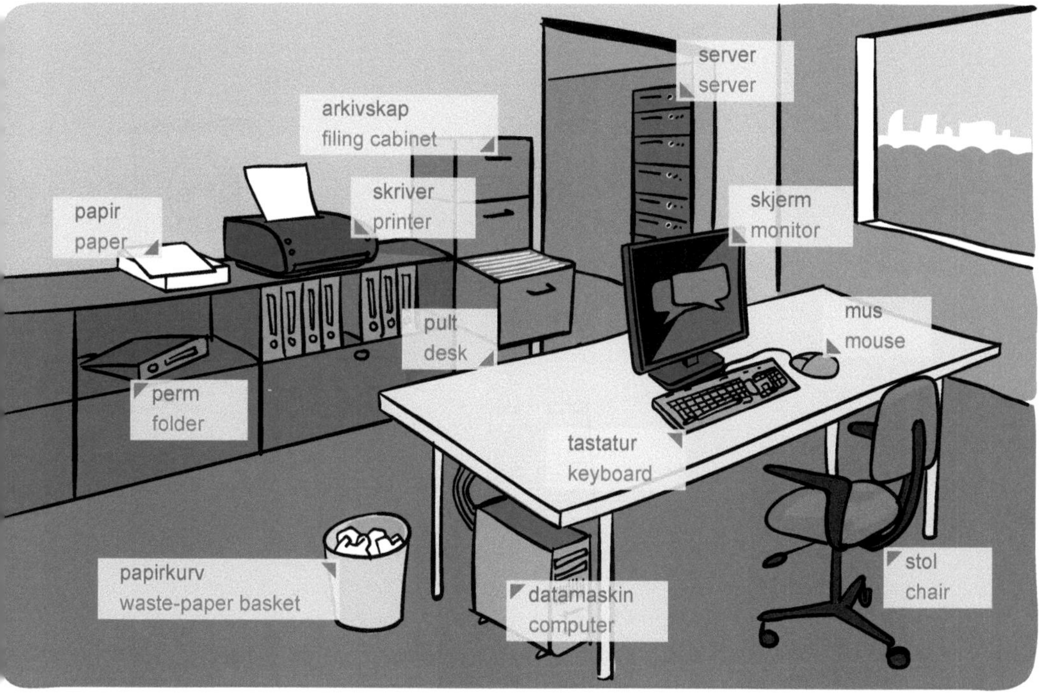
server
server
arkivskap
filing cabinet
papir
paper
skriver
printer
skjerm
monitor
mus
mouse
pult
desk
perm
folder
tastatur
keyboard
papirkurv
waste-paper basket
datamaskin
computer
stol
chair

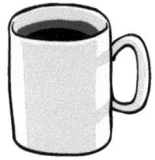

kaffekopp

coffee mug

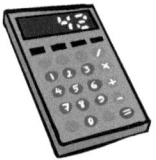

kalkulator

calculator

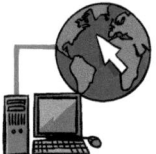

internett

internet

bærbar pc

laptop

brev

letter

beskjed

message

mobiltelefon

cell phone

nettverk

network

kopimaskin

photocopier

programvare

software

telefon

telephone

stikkontakt

plug socket

faksmaskin

fax machine

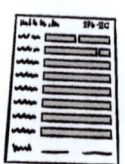

skjema

form

dokument

document

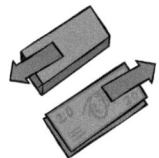

kjøpe

buy

betale

pay

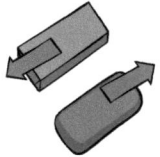

handle

trade

penger

money

dollar

dollar

euro

euro

yen

yen

rubel

rouble

sveitserfranc

Swiss franc

renminbi

renminbi yuan

rupi

rupee

minibank

cash point

vekslingskontor

currency exchange office

gull

gold

sølv

silver

olje

oil

energi

energy

pris

price

kontrakt

contract

avgift

tax

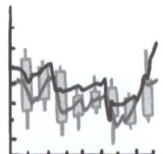

aksje

stock

jobbe

work

ansatt

employee

arbeitsgiver

employer

fabrikk

factory

butikk

shop

yrker
occupations

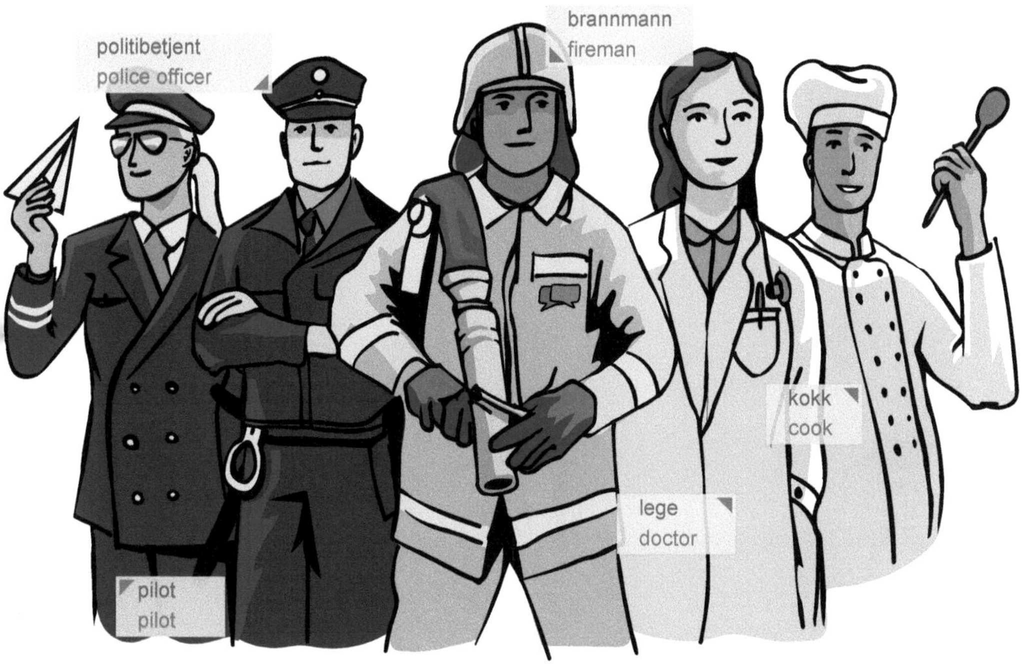
politibetjent
police officer
brannmann
fireman
kokk
cook
lege
doctor
pilot
pilot

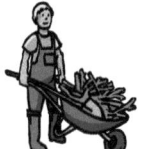

gartner

gardener

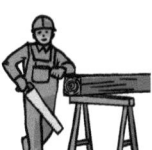

snekker

carpenter

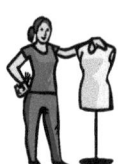

syerske

seamstress

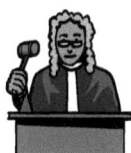

dommer

judge

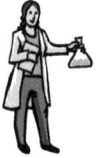

kjemiker

chemist

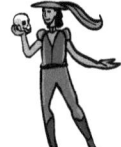

skuespiller

actor

bussjåfør

bus driver

taxisjåfør

taxi driver

fisker

fisherman

vaskedame

cleaning lady

taktekker

roofer

kelner

waiter

jeger

hunter

maler

painter

baker

baker

elektriker

electrician

bygningsarbeider

builder

ingeniør

engineer

slakter

butcher

rørlegger

plumber

postbud

postman

soldat

soldier

arkitekt

architect

kasserer

cashier

blomsterhandler

florist

frisør

hairdresser

konduktør

conductor

mekaniker

mechanic

kaptein

captain

tannlege

dentist

forsker

scientist

rabbi

rabbi

imam

imam

munk

monk

prest

pastor

verktøy

tools

hammer
hammer
tang
pliers
skrujern
screwdriver
skiftenøkkel
wrench
lommelykt
torch

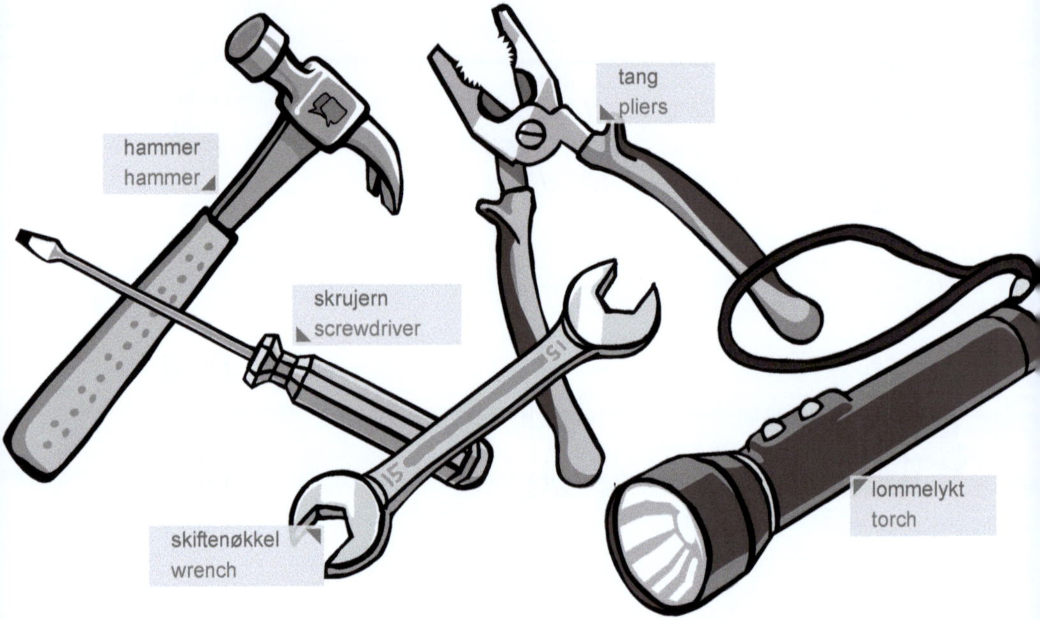

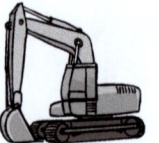

gravemaskin

excavator

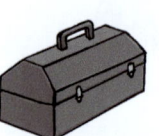

verktøykasse

toolbox

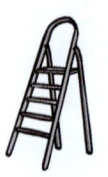

stige

ladder

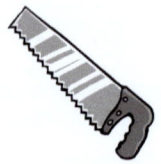

sag

saw

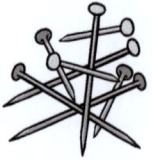

spiker

nails

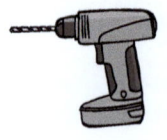

bor

drill

reparere

repair

spade

shovel

Søren!

Damn!

feiebrett

dustpan

malingsspann

paint can

skruer

screws

musikkinstrument
musical instruments

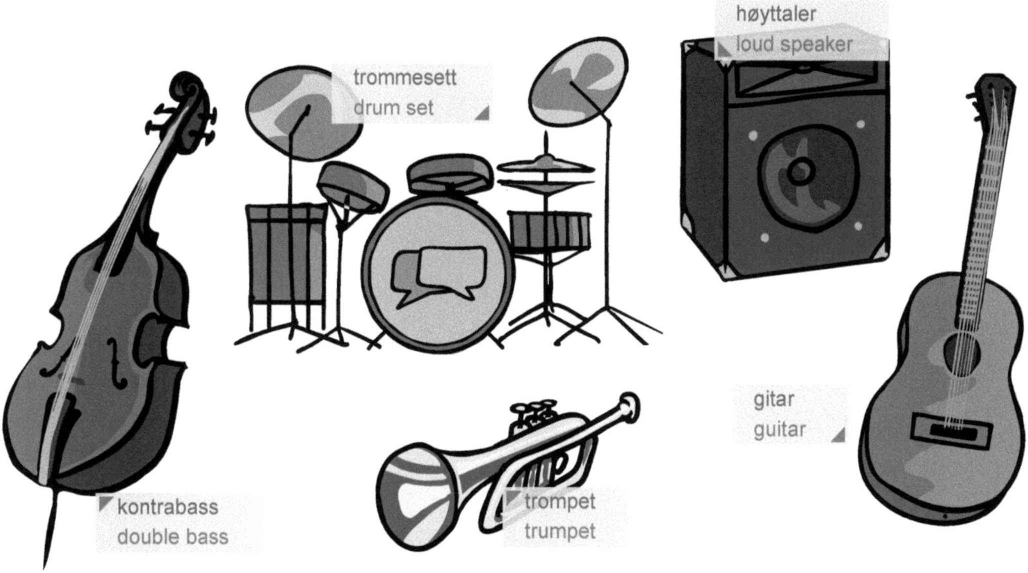

trommesett
drum set

høyttaler
loud speaker

gitar
guitar

kontrabass
double bass

trompet
trumpet

piano

piano

fiolin

violin

bass

bass

pauke

timpani

trommer

drums

keyboard

keyboard

saksofon

saxophone

fløyte

flute

mikrofon

microphone

dyrehage

zoo

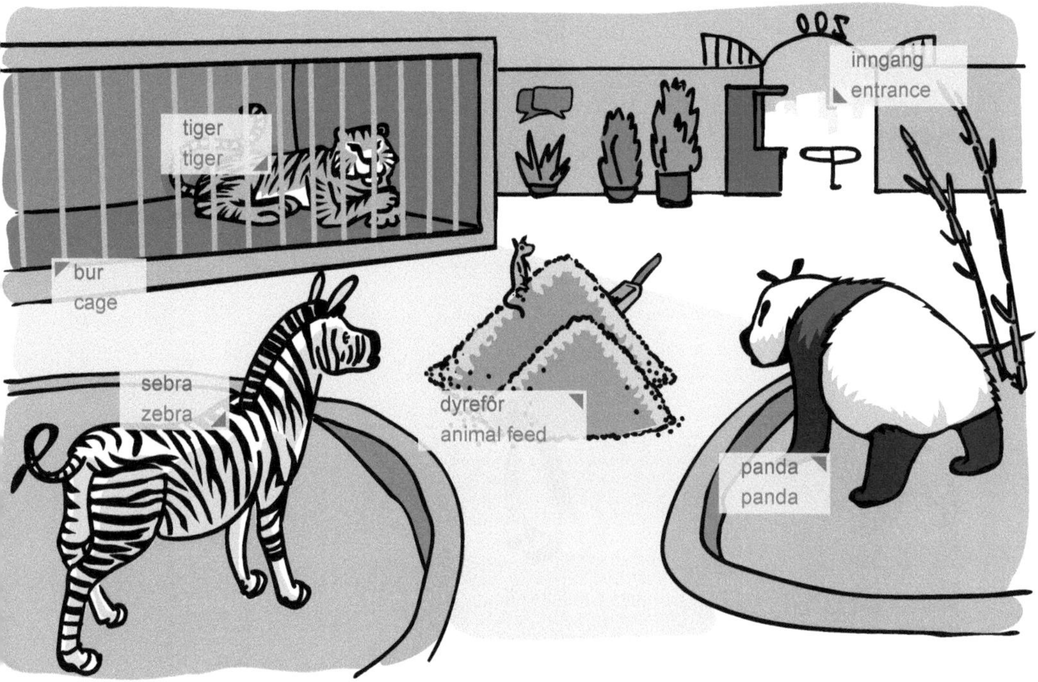

inngang
entrance
tiger
tiger
bur
cage
sebra
zebra
dyrefôr
animal feed
panda
panda

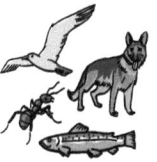

dyr

animals

elefant

elephant

kenguru

kangaroo

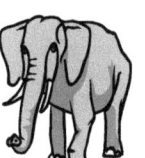

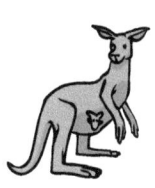

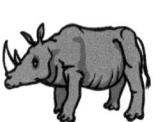

neshorn

rhino

gorilla

gorilla

bjørn

bear

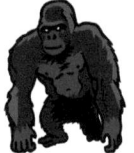

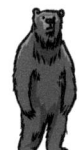

kamel

camel

struts

ostrich

løve

lion

ape

monkey

flamingo

flamingo

papegøye

parrot

isbjørn

polar bear

pingvin

penguin

hai

shark

påfugl

peacock

slange

snake

krokodille

crocodile

dyrepasser

zookeeper

sel

seal

jaguar

jaguar

ponni

pony

leopard

leopard

flodhest

hippo

giraff

giraffe

ørn

eagle

villsvin

boar

fisk

fish

skilpadde

turtle

hvalross

walrus

rev

fox

gaselle

gazelle

amerikansk fotball
American football

sykling
cycling

tennis
tennis

basketball
basketball

svømming
swimming

boksing
boxing

ishockey
ice hockey

fotball
soccer

badminton
badminton

friidrett
athletics

håndball
handball

stå på ski
skiing

polo
polo

aktiviteter
activities

le
laugh
hoppe
jump
klemme
hug
gå
walk
synge
sing
drømme
dream
be
pray
kysse
kiss

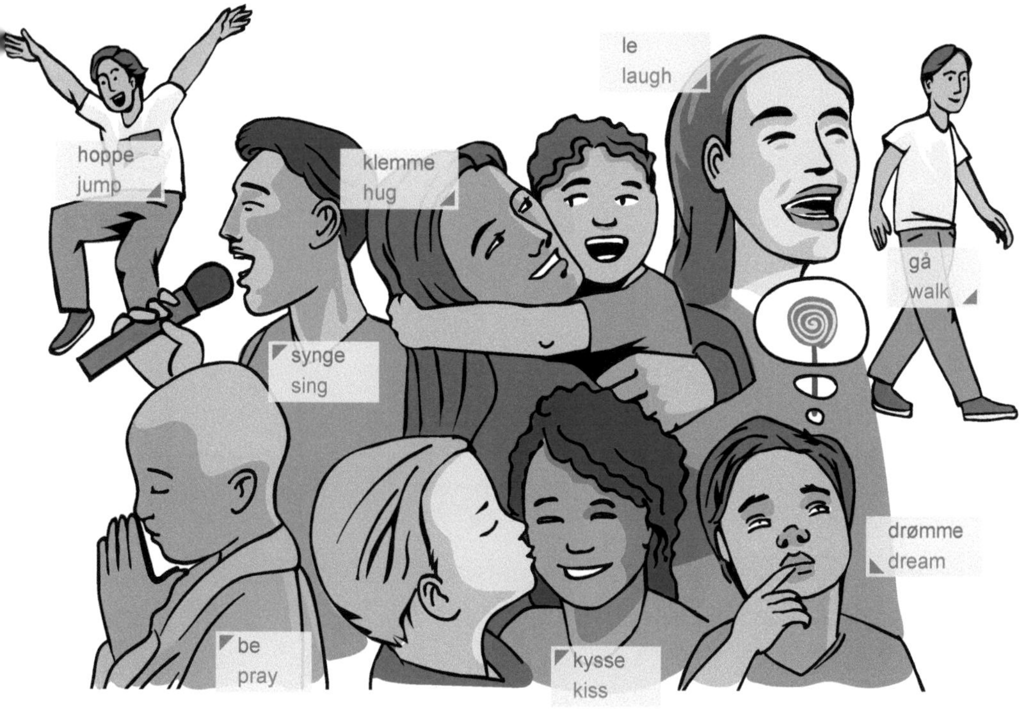

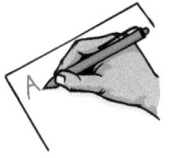

skrive

write

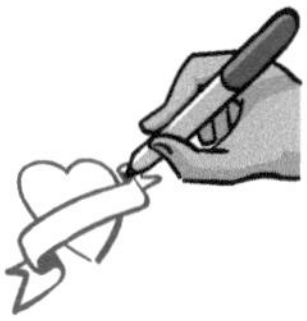

tegne

draw

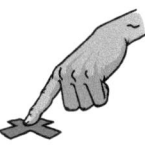

vise

show

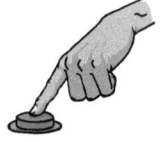

trykke

push

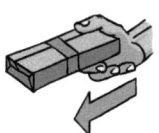

gi

give

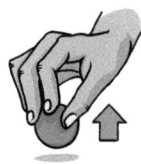

ta

take

ha

have

gjøre

do

være

be

stå

stand

løpe

run

dra

pull

kaste

throw

falle

fall

ligge

lie

vente

wait

bære

carry

sitte

sit

kle på

get dressed

sove

sleep

våkne

wake up

aktiviteter - activities

se på
look at

gråte
cry

stryke
stroke

gre
comb

snakke
talk

forstå
understand

spørre
ask

høre
listen

drikke
drink

spise
eat

rydde
tidy up

elske
love

lage mat
cook

kjøre
drive

fly
fly

seile
sail

regne
calculate

lese
read

lære
learn

jobbe
work

gifte seg
marry

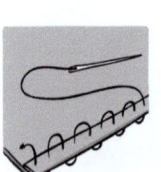

sy
sew

pusse tenner
brush teeth

drepe
kill

røyke
smoke

sende
send

aktiviteter - activities

familie
family

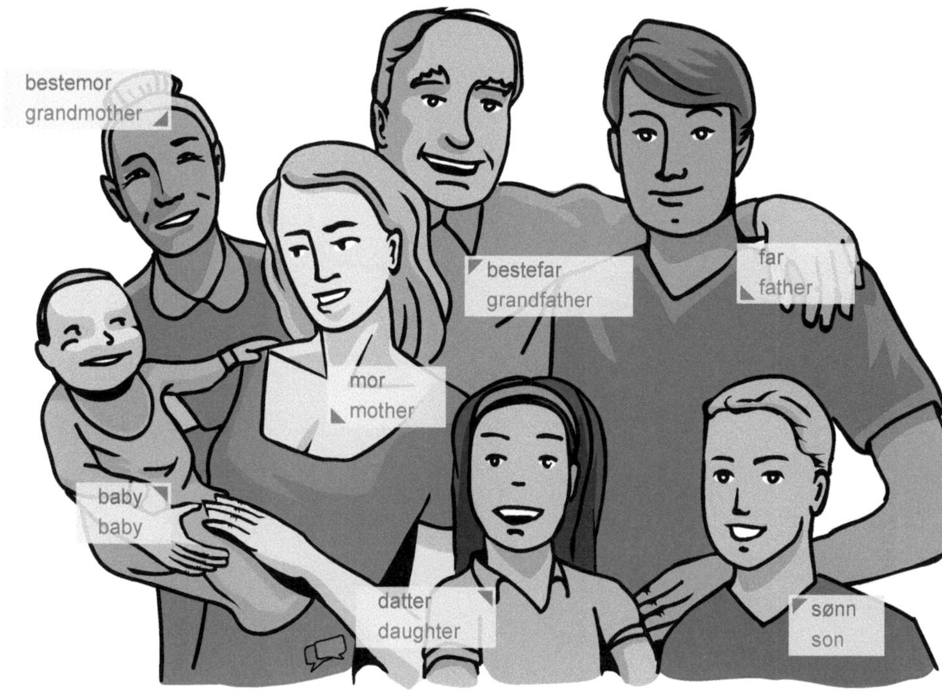

bestemor
grandmother
bestefar
grandfather
far
father
mor
mother
baby
baby
datter
daughter
sønn
son

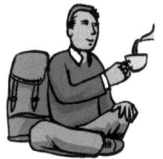

gjest
guest

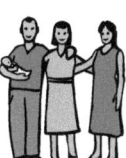

tante
aunt

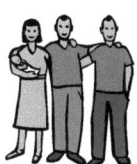

onkel
uncle

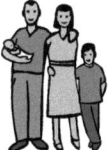

bror
brother

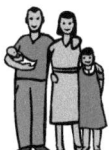

søster
sister

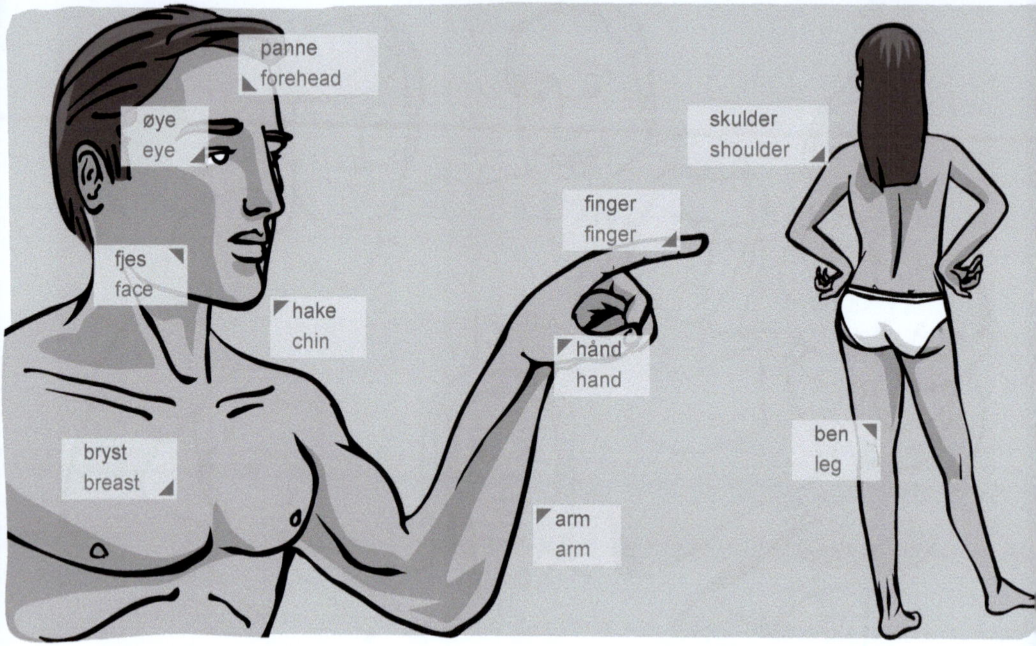

panne
forehead

øye
eye

skulder
shoulder

finger
finger

fjes
face

hake
chin

hånd
hand

bryst
breast

ben
leg

arm
arm

baby

baby

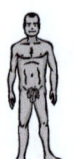

mann

man

kvinne

woman

jente

girl

gutt

boy

hode

head

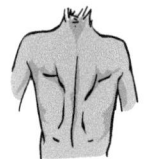

rygg

back

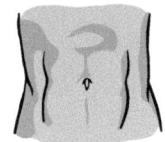

mage

belly

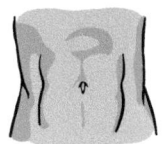

navle

navel

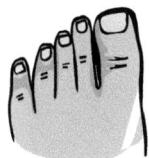

tå

toe

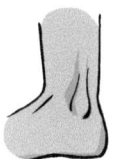

hæl

heel

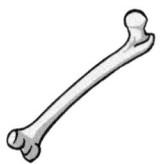

bein

bone

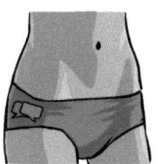

hofte

hip

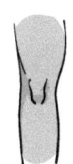

kne

knee

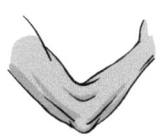

albue

elbow

nese

nose

rumpe

buttocks

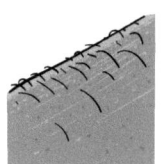

hud

skin

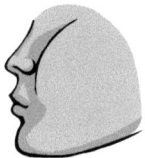

kinn

cheek

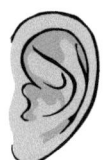

øre

ear

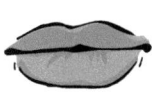

leppe

lip

munn

mouth

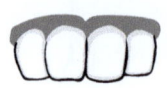

tann

tooth

tunge

tongue

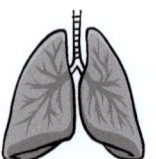

hjerne

brain

hjerte

heart

muskel

muscle

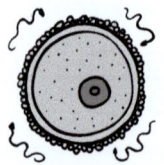

lunge

lung

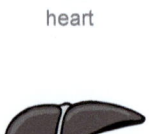

lever

liver

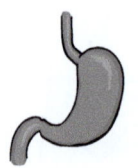

magesekk

stomach

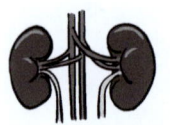

nyrer

kidneys

samleie

sex

kondom

condom

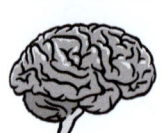

eggcelle

ovum

sæd

semen

graviditet

pregnancy

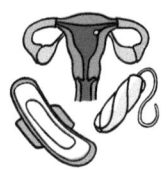

menstruasjon

menstruation

vagina

vagina

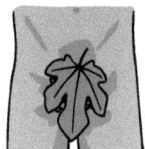

penis

penis

øyenbryn

eyebrow

hår

hair

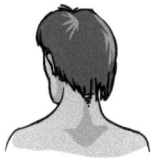

hals

neck

sykehus

hospital

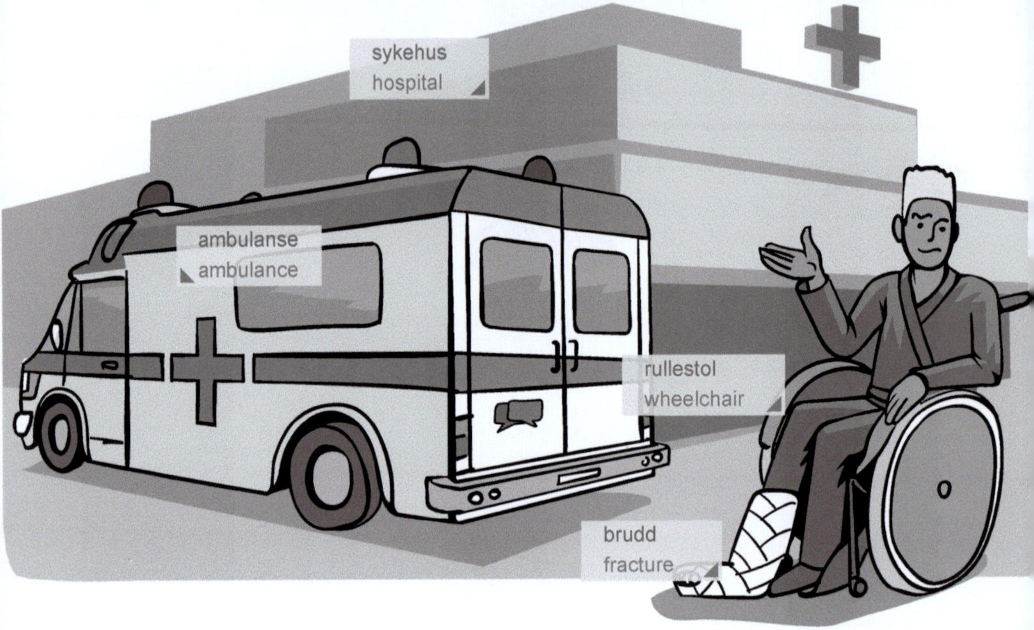

sykehus
hospital
ambulanse
ambulance
rullestol
wheelchair
brudd
fracture

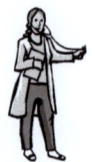

lege

doctor

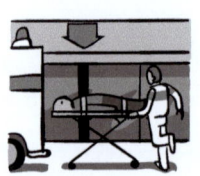

akuttmottak

emergency room

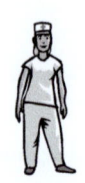

sykepleier

nurse

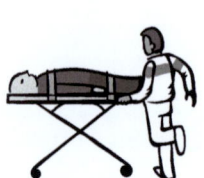

nødsituasjon

emergency

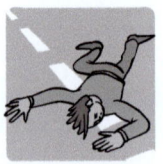

bevisstløs

unconscious

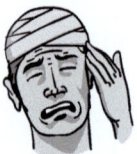

smerte

pain

skade

injury

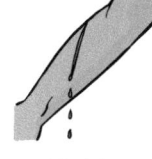

blødning

bleeding

hjerteinfarkt

heart attack

hjerneslag

stroke

allergi

allergy

hoste

cough

feber

fever

influensa

flu

diaré

diarrhea

hodepine

headache

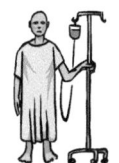

kreft

cancer

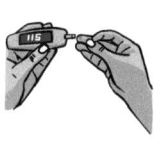

diabetes

diabetes

kirurg

surgeon

skalpell

scalpel

operasjon

operation

CT

CT

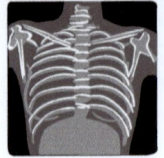

røntgen

x-ray

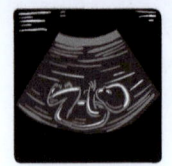

ultralyd

ultrasound

ansiktsmaske

face mask

sykdom

disease

venterom

waiting room

krykke

crutch

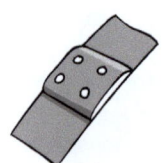

plaster

plaster

bandasje

bandage

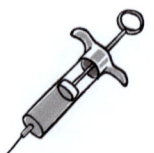

injeksjon

injection

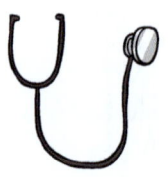

stetoskop

stethoscope

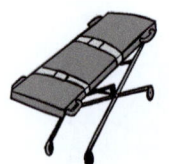

båre

stretcher

klinisk termometer

clinical thermometer

fødsel

birth

overvekt

overweight

høreapparat

hearing aid

desinfeksjonsmiddel

disinfectant

infeksjon

infection

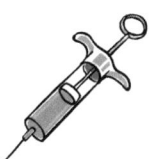

virus

virus

HIV/AIDS

HIV / AIDS

medisin

medicine

vaksinasjon

vaccination

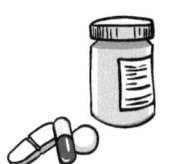

tabletter

tablets

pille

pill

nødanrop

emergency call

blodtrykksmåler

blood pressure monitor

syk / frisk

ill / healthy

Hjelp!

Help!

alarm

alarm

overfall

assault

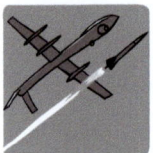

angrep

attack

fare

danger

nødutgang

emergency exit

Brann!

Fire!

brannslukker

fire extinguisher

ulykke

accident

førstehjelpsskrin

first-aid kit

SOS

SOS

politi

police

Europa

Europe

Nord-Amerika

North America

Sør-Amerika

South America

Afrika

Africa

Asia

Asia

Australia

Australia

Atlanterhavet

Atlantic

Stillehavet

Pacific

Det indiske hav

Indian Ocean

Sørishavet

Antarctic Ocean

Nordishavet

Arctic Ocean

Nordpolen

North pole

Sydpolen

South pole

Antarktis

Antarctica

jorden

earth

land

land

sjø

sea

øy

island

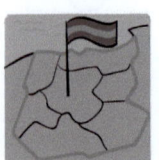

nasjon

nation

stat

state

urskive

clock face

timeviser

hour hand

minuttviser

minute hand

sekundviser

second hand

Hva er klokken?

What time is it?

dag

day

tid

time

nå

now

digitalklokke

digital watch

minutt

minute

time

hour

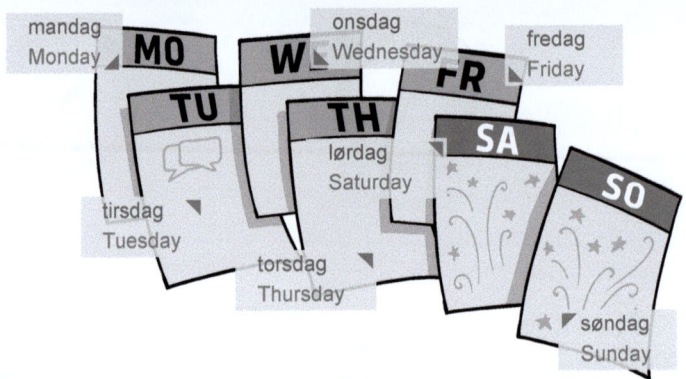

mandag
Monday

onsdag
Wednesday

fredag
Friday

tirsdag
Tuesday

torsdag
Thursday

lørdag
Saturday

søndag
Sunday

i går

yesterday

i dag

today

i morgen

tomorrow

morgen

morning

middag

noon

kveld

evening

arbeidsdag

workdays

helg

weekend

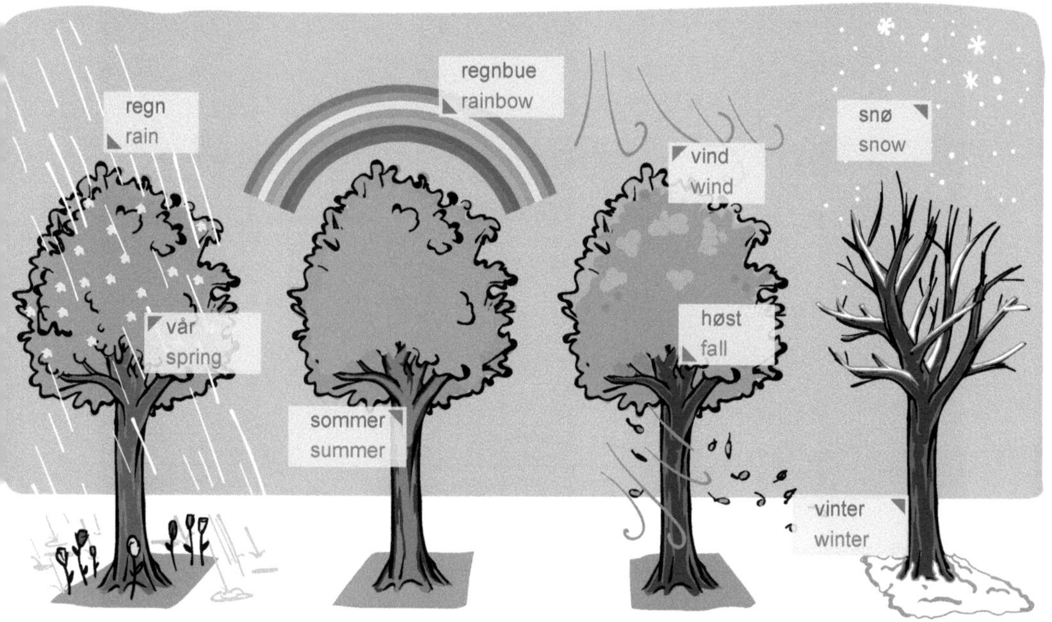

regn
rain
regnbue
rainbow
vind
wind
snø
snow
vår
spring
sommer
summer
høst
fall
vinter
winter

4.APRIL 11°
5.APRIL 4°
6.APRIL 13°
7.APRIL 8°
8.APRIL 10°

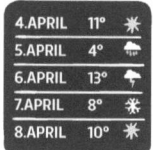

værmelding

weather forecast

F C
120 90 60 30 0 -30
40 30 20 10 0 -10 -20

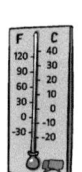

termometer

thermometer

solskinn

sunshine

sky

cloud

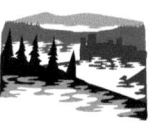

tåke

fog

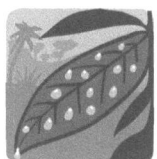

luftfuktighet

humidity

lyn

lightning

torden

thunder

storm

storm

hagl

hail

monsun

monsoon

oversvømmelse

flood

is

ice

januar

January

februar

February

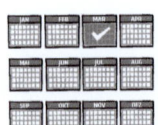

mars

March

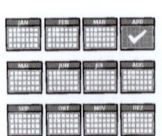

april

April

mai

May

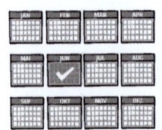

juni

June

juli

July

august

August

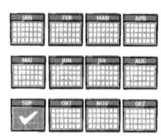

september
September

oktober
October

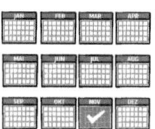

november
November

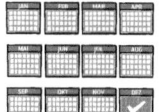

desember
December

former
shapes

sirkel
circle

kvadrat
square

rektangel
rectangle

triangel
triangle

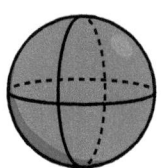

kule
sphere

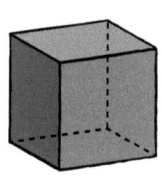

kube
cube

hvit

white

gul

yellow

oransj

orange

rosa

pink

rød

red

lilla

purple

blå

blue

grønn

green

brun

brown

grå

gray

svart

black

mye / lite
a lot / a little

sint / rolig
angry / calm

pen / stygg
beautiful / ugly

start / slutt
beginning / end

stor / liten
big / small

lys / mørk
bright / dark

bror / søster
brother / sister

ren / skitten
clean / dirty

fullstendig / ufullstendig

complete / incomplete

dag / natt
day / night

død / levende
dead / alive

bred / smal
wide / narrow

spiselig / uspiselig

edible / inedible

ond / snill

evil / kind

begeistret / lei

excited / bored

tykk / tynn

fat / thin

først / sist

first / last

venn / fiende

friend / enemy

full / tom

full / empty

hard / myk

hard / soft

tung / lett

heavy / light

sulten / tørst

hunger / thirst

syk / frisk

ill / healthy

ulovlig / lovlig

illegal / legal

intelligent / dum

intelligent / stupid

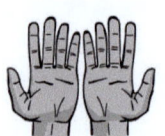

venstre / høyre

left / right

nære / langt unna

near / far

ny / brukt

new / used

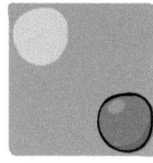

ingenting / noe

nothing / something

gammel / ung

old / young

på / av

on / off

åpen / stengt

open / closed

lavt / høyt

quiet / loud

rik / fattig

rich / poor

riktig / feil

right / wrong

ru / glatt

rough / smooth

trist / glad

sad / happy

kort / lang

short / long

langsom / rask

slow / fast

vått / tørt

wet / dry

varm / lunken

warm / cool

krig / fred

war / peace

0

null

zero

1

en

one

2

to

two

3

tre

three

4

fire

four

5

fem

five

6

seks

six

7

sju

seven

8

åtte

eight

9

ni

nine

10

ti

ten

11

elleve

eleven

12

tolv

twelve

13

tretten

thirteen

14

fjorten

fourteen

15

femten

fifteen

16

seksten

sixteen

17

sytten

seventeen

18

atten

eighteen

19

nitten

nineteen

20

tjue

twenty

100

hundre

hundred

1.000

tusen

thousand

1.000.000

million

million

engelsk

English

amerikansk engelsk

American English

mandarin

Chinese Mandarin

hindi

Hindi

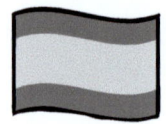

spansk

Spanish

fransk

French

arabisk

Arabic

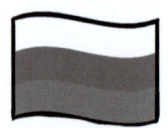

russisk

Russian

portugisisk

Portuguese

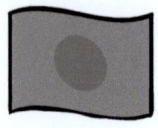

bengali

Bengali

tysk

German

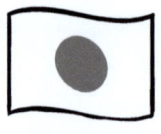

japansk

Japanese

jeg

I

du

you

han / hun / det

he / she / it

vi

we

dere

you

de

they

hvem?

who?

hva?

what?

hvordan?

how?

hvor?

where?

når?

when?

navn

name

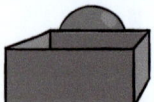

bakom

behind

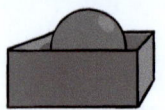

i

in

foran

in front of

over

over

på

on

under

under

ved siden av

beside

mellom

between

sted

place